Niklas Kimpel

Auswirkungen und mögliche Gefahren von Computerspielen für Jugendliche

GRIN Verlag

Bibliografische Information der Deutschen Nationalbibliothek:

Die Deutsche Bibliothek verzeichnet diese Publikation in der Deutschen National-
bibliografie; detaillierte bibliografische Daten sind im Internet über http://dnb.d-
nb.de/ abrufbar.

Impressum:

Copyright © 2013 GRIN Verlag GmbH
Druck und Bindung: Books on Demand GmbH, Norderstedt Germany
ISBN: 978-3-656-54460-9

Dieses Buch bei GRIN:

http://www.grin.com/de/e-book/264817/auswirkungen-und-moegliche-gefahren-
von-computerspielen-fuer-jugendliche

GRIN - Your knowledge has value

Der GRIN Verlag publiziert seit 1998 wissenschaftliche Arbeiten von Studenten, Hochschullehrern und anderen Akademikern als eBook und gedrucktes Buch. Die Verlagswebsite www.grin.com ist die ideale Plattform zur Veröffentlichung von Hausarbeiten, Abschlussarbeiten, wissenschaftlichen Aufsätzen, Dissertationen und Fachbüchern.

Besuchen Sie uns im Internet:

http://www.grin.com/

http://www.facebook.com/grincom

http://www.twitter.com/grin_com

Schrecksbach, den 31.08.2013

Universität Hamburg

Fachbereich Erziehungswissenschaften

Gesellschaftliche Bedingungen von Bildung und Erziehung

Sommersemester 2013

Auswirkungen und mögliche Gefahren von Computerspielen für Jugendliche

Eine Hausarbeit von

Niklas Kimpel

Inhaltsverzeichnis

Einleitung

Immer wieder keimen in den Medien Diskussionen auf, ob eine verstärkte Nutzung von sogenannten Gewaltspielen Gefahren für Jugendliche darstellt. Machen „Killerspiele" Jugendliche zu gewaltbereiten Menschen? Hierbei ist es wichtig möglichst breitgefächerte Meinungen zu dem Thema einzuholen, denn diese gehen weit auseinander.

Desweiteren stellt sich die Frage, inwiefern Jugendliche und Kinder, die viel Zeit mit Computerspielen[0] verbringen, mit Nachteilen in der Schule und beim Lernen zu kämpfen haben. Denn nicht nur Spiele mit gewalttätigen Inhalten, sondern auch Onlinespiele, Glücksspiele und vermeintlich harmlose Computerspiele bergen gewisse Gefahren. Gerade in den letzten Jahren hat sich vor allem ein Trend hin zu Onlinespielen wie zum Beispiel Onlinepoker gebildet. Der damit verbundene Zeitaufwand kann schnell zu schlechteren Leistungen in der Schule führen, da den Schülern einfach weniger Zeit für Hausaufgaben und Lernen bleibt.

Eine weitere Frage, die nun aufkommt ist, ob signifikante Unterschiede zwischen Schülerinnen und Schülern bestehen. Wer verbringt mehr Zeit mit Online- und Computerspielen? Wer kann das versäumte Lernen besser kompensieren?

Um diese Fragen zu klären muss man die Entwicklung der letzten Jahre betrachten. Wie sehr sich die Nutzung von PC und Internet verändert hat, ob damit verbunden ein erkennbarer Unterschied in den Leistungen der Schüler und Schülerinnen zu erkennen ist und ob die Nutzung von Computerspielen wirklich nur Nachteile bietet oder vielleicht sogar Chancen bringt, die nur darauf warten genutzt zu werden.

Im Folgenden werde ich einen Überblick über die Gefahren von Gewaltspielen, die Rolle der Eltern und die Unterschiede bezüglich der Nutzung zwischen Jungen und Mädchen geben. Außerdem beleuchte ich kurz die positiven Seiten des Computerspielens und wie sich das Ansehen der Computerspiele im Laufe der Zeit gewandelt hat.

[0] Wenn in meinem Text von Computerspielen die Rede ist, meine ich immer die Gesamtheit aller digitalen Spiele, unabhängig von der verwendeten technischen Plattform. Also Computer-, Konsolen-, Handy- und Onlinespielen.

Hauptteil

Geschlechter-Unterschied in der Schule – Auch durch Computerspiele?

Nach der „JIM-Studie" von 2012 spielen 63% aller befragten 12- bis 19-jährigen Jungen täglich Computer-, Konsolen- oder Onlinespiele und circa 20% aller Mädchen. Jeweils weitere 20% der Befragten gaben an ca. einmal pro Woche Computer zu spielen.[1] Die durchschnittliche Spieldauer beträgt 56 Minuten an Wochentagen und 77 Minuten am Wochenende. Jungen verzeichnen eine deutlich höhere Nutzung (Mo-Fr: 78 Min; Sa-So; 112 Min.) als Mädchen (Mo-Fr: 33 Min; Sa-So; 41 Min.)[2]

Eine Studie des „Seminar Stuttgart" bekräftigt die Annahme, dass Computerspiele mehr von Jungs als von Mädchen genutzt werden. Es seien aber vor allem die Unterschiede der Spielart, die besonders auffallen. So spielen die meisten Mädchen bevorzugt lustige, soziale, fröhliche Spiele, Jungs eher kampfbetonte Spiele, Strategiespiele und Ego-Shooter. Auch haben mehr Jungs eine eigene Spielekonsole bzw. einen eigenen Computer im Zimmer.[3]

Doch worin besteht eigentlich die Motivation der Kinder und Jugendlichen Computerspiele zu spielen? Laut „Seminar Stuttgart" rufe das Spielen von Computerspielen Gefühle und emotionale Erregungen hervor. Gleichzeitig biete ein Computerspiel eine gewisse Herausforderung, einen Wettkampfcharakter und die Möglichkeit Langeweile abzubauen oder gar nicht erst aufkommen zu lassen. Weitere Punkte seien die Interaktion mit Gleichaltrigen sowie die Tatsache, dass man Dinge tun kann, die in der Realität nicht möglich sind.[4]

Psychologe Christian Pfeiffer ist sich sicher, dass das schlechtere Abschneiden der männlichen Schüler in den letzten Jahren direkt mit dem Mehr-Konsum der Computerspiele sowie dem vermehrten Internet- und Fernsehkonsum zusammen hängt. Doch was führt dazu, dass Computerspiele den schulischen Lernerfolg schmälern? Laut dem Neurobiologen Henning Scheich vom Leibniz-Institut in Magdeburg müsse das schulische Wissen, das die Jugendlichen am Vormittag lernen, über den Tag hinweg im Langzeitgedächtnis verankert werden, um einen bleibenden Lernerfolg zu erzielen. Dieser Prozess könne jedoch leicht gestört werden, wenn das Gehirn der Schüler mit einer Vielzahl von bunten Bildern und Eindrücken aus Computerspielen regelrecht „beschossen" wird.[5]

II[1-2] Medienpädagogischer Forschungsverbund Südwest: „Jim-Studie" 2012, Seite 47/48

II[3-4] PD Dr. Dr. med. Jan Frölich: „Seminar Stuttgart" 2010, Seite 3 und 7, Seite 10

II[5] Geschwister-Scholl-Schule Pfinztal, „Schlecht in der Schule durch Computerspiele", Seite 1

Zusätzlich zu der Reizüberflutung durch die Spiele ist natürlich auch die zeitliche Komponente eine entscheidende. Hausaufgaben bleiben auf der Strecke, wenn Jugendliche in einem packenden Computerspiel gefangen sind. Das geht dann oftmals so weit, dass bis tief in die Nacht „gezockt" wird und nicht nur das Lernen, sondern auch der Schlaf zu kurz kommt. Am nächsten Tag unausgeschlafen muss zu allererst die Leistungsfähigkeit in der Schule darunter leiden.

Fakt ist, dass in den letzten Jahren die Mädchen in der Schule die Jungs „überholt" haben. Immer mehr Mädchen gehen aufs Gymnasium und machen Abitur. Auch die Noten der Jugendlichen zeigen einen klaren Geschlechterunterschied. Gleichzeitig hat der Medien- bzw. Computerspielkonsum gerade bei Jungs deutlich zugenommen. Da liegt die Vermutung nahe, dass diese zwei Aspekte direkt miteinander verbunden sind. Zu sagen, dass man durch das häufige Nutzen von Computerspielen zwangsläufig ein schlechterer Schüler wird, ist sicherlich übertrieben. Dennoch kann in einigen Fällen eine übermäßige Nutzung negative Auswirkungen bezüglich der schulischen Leistungen haben.

Die Rolle der Eltern

Um zu verhindern, dass für Jugendliche übermäßiges Computerspielen zu einem Problem wird, müssen sich gerade die Eltern verstärkt mit dem meist noch unvertrautem Medium der PC-Spiele auseinandersetzen. Für viele Eltern „ist das Thema Computerspiele und der pädagogische Umgang mit ihnen [...] eine pädagogische „No-Go-Area".[6] Arne Busse, Referent in der Bundeszentrale für politische Bildung in Bonn ist der Meinung, dass Eltern ihre Berührungsängste gegenüber den digitalen Medien abbauen sollten und versuchen müssen mit ihren Kindern über problematische Aspekte und mögliche Gefahren des Computerspielens zu reden. Es sei wichtig, dass die Eltern ihre Scheu vor PC-Spielen ablegen und auch mal gemeinsam mit den Kindern Zeit vor dem Bildschirm verbringen, um überhaupt nachvollziehen zu können, worin die Faszination solcher Spiele liegt. Nur so könne ein konstruktiver Austausch zwischen den beiden Generationen stattfinden.[7]

Generell lassen sich wohl die meisten Probleme, die das Computerspielen mit sich bringt, durch die Eltern einschränken und verhindern. Besteht ein ehrliches Interesse seitens der Erziehungsberechtigten an den Inhalten der Spiele, kann schnell entschieden werden,

II[6-7] Arne Busse: „Mit „Ballerspielen" gegen pädagogische „No-Go-Areas"? Erfahrungen mit Eltern LANs", 2011, Seite 30 und 34

ob ein Spiel zu gewalttätig oder einfach dem Alter des Kindes nicht entspricht. Auch kann sich die Kommunikation zwischen Elternteil und Kind deutlich verbessern, wenn man als Erwachsener mal ein Level mitspielt oder für ein paar Minuten dem Kind beim Spielen zuschaut. Einer übermäßigen Nutzung kann man gezielt entgegen wirken, indem man von Beginn an klare Regeln aufstellt. Gerade bei jungen Kindern machen gewisse Einschränkungen durchaus Sinn, aber auch im jugendlichen Alter ist es nicht verkehrt, zumindest unter der Woche, wenn das Kind am nächsten Tag zur Schule muss, den Computerspielkonsum zu regeln oder zumindest genau im Auge zu haben.

Mit einem gewissenhaften Umgang der Eltern können also die Risiken der Computerspiele minimiert werden und ein Problem der schlechteren schulischen Leistungen des Kindes verhindert werden.

Gewaltspiele – Gefährlich oder nicht?

Nach einer 2012 durchgeführten Studie des Statisitk-Portals „statista", bei der jugendliche Nutzer von Computer-, Konsolen- und Onlinespielen im Alter von 12 bis 19 Jahren befragt wurden, gab jeder zweite Junge und jedes zehnte Mädchen an regelmäßig Gewaltspiele zu spielen.[8]

Angefangen hat die Geschichte der sogenannten „Gewaltspiele" oder „Ego-Shooter" in den frühen 90er Jahren. Mit solchen Spielen wie „DOOM" und „Counterstrike" begann ein regelrechter Hype, der sich bis in die heutige Zeit fortgesetzt hat. Bei fast jedem Amoklauf in den letzten Jahren, egal ob in Amerika oder in Europa, wurde davon gesprochen, dass der Täter blutrünstige Gewaltspiele gespielt habe und diese unter anderem dazu geführt hätten seine Tat zu verüben. Im Grunde genommen gab es dann bei einer Diskussion zu diesem Thema immer zwei Lager. Zum einen diejenigen, die sich sicher sind, dass erlebte virtuelle Gewalt auch zu einer erhöhten realen Gewalt führt und zum anderen diejenigen, die der Meinung sind, dass Nutzer von Computerspielen klar zwischen virtueller und realer Gewalt unterscheiden können. Laut „jugendschutz.net" bestünde nur in besonderen Einzelfällen die Gefahr eines Umschlagens von virtuellem Gewaltspielen in reales Gewalthandeln. So habe es in der Vergangenheit einige wenige vereinzelte Beispiele gegeben, in denen „aus Nazi-Ideologie, Gewaltfaszination und virtuellem Killertraining ein mörderisches Gebräu entstanden" sei.[9]

Letztendlich kann man die Frage nach einer Verbindung von Gewaltspielen und real ausgeführter Gewalt natürlich nicht genau klären, aber es scheint nach den heutigen

---

II[8] de.statista.com, das Statistik Portal: „Spielen deine Freunde oder spielst Du brutale bzw. besonders gewalthaltige Computer-, Konsolen oder Onlinespiele?", 2012

II[9] jugendschutz.net/gewalt/Gewaltspiele: „Gefahr des Umschlagens von virtueller in reale Gewalt"

Erkenntnissen sicher, dass allein Computerspiele einen Menschen nicht so weit verändern können, dass er von einem friedlichen zu einem gewaltbereiten Menschen wird. „Computerspiele schaffen keine neuen Einstellungen und Handlungsbereitschaften, vorhandene Dispositionen werden aber stabilisiert und verstärkt."[10]

Doch kann es natürlich in einzelnen Fällen dazu kommen, dass aggressiv veranlagte oder gewaltbereite Jugendliche durch solche Spiele noch einen zusätzlichen Anreiz bekommen ihre Gewalt auszuüben.

Generell ist dies ein sehr sensibles und auch schwieriges Thema, das eine Zeit lang sehr intensiv in den Medien besprochen wurde. Ein flächendeckendes Verbot von Gewaltspielen ist sicherlich nicht zu verwirklichen und auch nicht im Interesse der Bevölkerung. Genaue Altersbeschränkungen und auch Kontrollen beim Verkauf sind allerdings wichtig und unerlässlich, da ein Spiel, das ab 18 Jahren freigegeben ist, definitiv nicht in die Hände eines zwölfjährigen gehört. So werden zum Beispiel Spiele und auch Filme ab 18 Jahren beim Onlineversandhaus Amazon nur per Spezialversand verschickt, bei dem der Empfänger per Personalausweis belegen muss, dass er volljährig ist. Bei Ebay ist es Privatverkäufern sogar gänzlich verboten Spiele und Filme ab 18 Jahren zu verkaufen. Beim Einkauf im Handel wird seit einigen Jahren auch strenger kontrolliert. Insgesamt gibt es also zumindest in Deutschland verstärkte Kontrollen, die gewährleisten, dass brutale oder blutrünstige Spiele nicht an Minderjährige geraten.

Doch ganz und gar zu gewährleisten, dass Jugendliche keine Spiele spielen, die laut Altersfreigabe nicht für sie geeignet sind, ist nicht möglich. Laut der JIM-Studie von 2012 gaben 83% der Jungen und 34% der Mädchen an, schon mal Spiele gespielt zu haben, für die man eigentlich laut Altersfreigabe zu jung war.

Das Ansehen von Computerspielen im Wandel der Zeit

Im Laufe der Jahre verändern sich oftmals die Meinungen der breiten Öffentlichkeit bezüglich der Computerspiele. So schätzte in den 90er Jahren, also zu der Zeit in der die Computerspiele gerade neu aufkamen, wohl keiner manche Spiele als besonders gefährlich oder sogar gewaltfördernd ein. Diese öffentliche Aufmerksamkeit entwickelte sich erst nach und nach. Computerspiele wurden immer populärer und durch die vermehrte Nutzung durch Jugendliche und Kinder erlangte dieses „neue Medium" auch bei den Erwachsenen immer mehr Aufmerksamkeit.

Bestimmte Ereignisse, wie zum Beispiel der Amoklauf an einem Erfurter Gymnasium im Jahre 2002, feuerten eine heftige Debatte an, inwieweit die zu diesem Zeitpunkt in den

---

II[10] jugendschutz.net/gewalt/Gewaltspiele, „Wirkung von Gewaltspielen"

Medien oft als „Killerspiele" bezeichneten PC-Spiele eine Gefährdung für Jugendliche darstelle. Daraufhin wurde nur wenige Wochen nach dem Attentat ein neues Jugendschutzgesetz verabschiedet, welches verschärfte Regelungen für diese Bereiche enthielt.[11] Natürlich sind solche Ereignisse, bei denen ein direkter Zusammenhang zwischen dem Attentäter und gewalthaltigen Computerspielen besteht nicht gut für das öffentliche Ansehen der Spiele. Viele Menschen sehen nur die Tatsache, dass ein Jugendlicher quasi seine virtuellen Taten in der Realität umgesetzt hat. Mittlerweile ist jedoch klar, dass sich ein solch gewaltbereites Verhalten nicht so leicht erklären lässt, sondern ganz andere Gründe zu einer solchen Tat führen.

Dieses ausschließlich negative Bild von Computerspielen hat sich jedoch in den letzten Jahren etwas gewandelt. Es wird nicht mehr nur die Gewalt gesehen, sondern auch die gewisse kunstvolle Machart der Spiele. Im Prinzip ist ja ein gut produziertes Computerspiel nicht weniger Kunst als zum Beispiel ein Animationsfilm. Als Beispiel sei da einmal ein Artikel des „Stern" zum Spiel „GTA IV" genommen. Die GTA-Reihe wird häufig in einem Zug mit Counter Strike oder Call of Duty genannt, gehört also auch zu den sogenannten Killerspielen. In diesem Artikel von 2008 bezeichnet der Autor Sven Stillich das Spiel als ein Kulturereignis für Erwachsene. „GTA IV" sei wie ein guter Roman. Denn ein gutes Buch erschaffe interessante Persönlichkeiten und erwecke diese in einem stimmigen Milieu zum Leben.[12] Genau dies schaffe „GTA IV" so gut wie kaum ein anderes Spiel dieses Genres. Bei der Handlung „geht es [...] hauptsächlich um gesellschaftlichen Aufstieg und das auf kriminelle und hässliche Weise."[13] Die Hauptfigur müsse töten um nach oben zu kommen. Dies mache „GTA" zwar zu einem „Spiel für Erwachsene, aber keinesfalls zu einem schlechten oder gar zu verdammenden Spiel."[14] Die Gewalt sei Teil der Inszenierung, erzeuge Spannung und fordere heraus. Nicht mehr und nicht weniger. Sie sei nicht der Grund warum GTA so erfolgreich ist.

Genauso wenig wie bei den meisten anderen Computerspielen die vorhandene Gewalt der Grund des Erfolgs ist. Sicherlich gibt es das eine oder andere Spiel, das gerade wegen explizit dargestellter Gewaltszenen mehr oder weniger erfolgreich ist. Dies sind aber im Großen und Ganzen die Ausnahmen. Ein Spiel besticht heutzutage durch eine stimmige Story, eine ansprechende Optik und ein überzeugendes Leveldesign, nicht durch Brutalität.

‖[11] de.wikipedia.org/wiki/Amoklauf_von_Erfurt, „Änderung des Jugendschutzgesetzes"
‖[12-14] stern.de, Sven Stillich: „Grand Theft Auto IV - Der amerikanische Traum", 2008

Positive Seiten des Computerspielens

Computerspiele bergen nicht nur Gefahren und Risiken für Jugendliche, sondern können auch positive Effekte auf den Spieler haben. „[Computer-]Spiele fordern und fördern das Gehirn" schreibt Roman Herbig in einem Artikel der Zeit.[15] „Die Geschwindigkeit moderner Ego-Shooter verbessert das Reaktionsvermögen, Rollenspiele erfordern komplexe soziale Interaktionen, Denk- und Strategiespiele verlangen Voraussicht sowie die Fähigkeit, spontan und flexibel Ideen zu entwickeln und umzusetzen."[16]

Eine Studie der Fordham-Universität in New York bestätigt Herbigs Auffassung. Das Erlernen neuer Computerspiele wirke sich positiv auf die Fähigkeit von Schülern beim Lösen von Problemen sowie auf deren Fingerfertigkeit aus.[17] Auch seien auf Chirurgie spezialisierte Mediziner bei ihrer Arbeit um 27% schneller und machen 37% weniger Fehler, wenn sie regelmäßig Computer spielen.[18]

Ein weiterer Aspekt, über den sich sicherlich streiten lässt, ist, dass Schüler, die regelmäßig Computer spielen, geübter in Englisch sind. Viele Spiele sind nur auf Englisch zu haben, bei anderen kommuniziert man online mit Mitspielern auf der ganzen Welt. Gerade bei Onlinespielen ist also Englisch unerlässlich. Sicherlich sprechen die Jugendlichen dadurch kein lupenreines Schulenglisch, aber ein regelmäßiger Umgang mit der Fremdsprache in der Freizeit kann auf jeden Fall einen positiven Aspekt auf die Leistungen in der Schule haben.

Schluss

Insgesamt lässt sich festhalten, dass das Computerspielen nach wie vor einen wichtigen Teil der Freizeit der Jugendlichen heutzutage darstellt. Zwar haben Medien wie Internet und Smartphones deutlich an Bedeutung zugenommen, aber gerade durch neu entwickelte Konsolen wie die Playstation 4 oder die X-Box One bleiben Computer- und Konsolenspiele für die breite Masse interessant und verlockend.

Jungen spielen deutlich mehr Computer als Mädchen und vor allem die Auswahl der Spielearten ist unter den Geschlechtern sehr verschieden. Ob eine Verschlechterung der schulischen Leistung der Jungen mit einer Mehrnutzung von Computerspielen zusammenhängt lässt sich nicht wirklich sagen. Sicherlich ist intensives Computerspielen nicht gerade nützlich für den schulischen Erfolg, aber die Entwicklung, dass mehr Mädchen an Gymnasien gehen und dort auch durchschnittlich bessere Noten schreiben als Jungs, hat wohl eher andere Gründe.

||[15-16] zeit.de, Roman Herbig: „Eltern, spielt mehr Computer!", 2012

||[17-18] tagesspiegel.de: „Computerspiele haben auch positive Effekte", 2008

Eine konkrete Gefahr von Gewaltspielen bzw. den sogenannten „Killerspielen" geht meiner Meinung nach nicht aus. In Einzelfällen können solche Spiele zwar gewisse Gewaltfantasien bestärken, dies ist aber die absolute Ausnahme. Gefährlich wird es nur dann, wenn Kinder und Jugendliche an Spiele kommen, die ganz klar für Erwachsene gemacht wurden. Um dies zu verhindern hat sich in Deutschland ein recht strenges Kontrollsystem entwickelt, was ich persönlich auch sehr gut finde.

Eltern sollten sich mehr in den Umgang ihrer Kinder mit Computerspielen mit einbeziehen. Den Standpunkt zu vertreten, dass Computerspiele nur schlechte Auswirkungen auf Kinder und Jugendliche haben, ist einfach nicht richtig. Daher ist es wichtig, dass Eltern das Medium besser kennenlernen, um sich selbst ein Bild von den jeweiligen Spielen machen zu können. Gerade im jungen Alter benötigen Kinder klare Regeln im Umgang mit Computer und Konsole. Eine exzessive Nutzung ist weder gut für die schulischen Leistungen noch für die Pflege der sozialen Kontakte. Hält sich das Spielen allerdings in einem gewissen Rahmen, ist grundsätzlich nichts gegen das Computerspielen einzuwenden.

Ich denke, dass Computer- und Konsolenspiele sehr viel Potenzial bieten. Gerade mit den neuen Plattformen wie zum Beispiel der Wii lässt sich das Konsolenspiel sehr gut mit dem sozialen Umgang verbinden. Gerade innerhalb der Familie bieten sich zahlreiche Möglichkeiten, sodass Eltern auch zusammen mit ihren Kindern solche Spiele ausprobieren können.

Abschließend lässt sich sagen, dass sich das überwiegend negative Bild von Computerspielen in der Öffentlichkeit in den letzten Jahren ein wenig gewandelt hat und man die aufwendige Produktion von Spielen zu schätzen lernt. In der breiten Masse spielen Gewaltspiele eine eher kleinere Rolle und der Spaß am Spiel steht im Vordergrund. Und so soll es ja auch sein. Spielen soll Spaß machen!

Literaturverzeichnis

1 – 2: „Jim-Studie 2012 – Jugend, Information, (Multi-)Media" vom Medienpädagogischen Forschungsverbund Südwest; Stuttgart, November 2012; (http://www.mpfs.de/fileadmin/JIM-pdf12/JIM2012_Endversion.pdf)

3 – 4: „Seminar Stuttgart", PD Dr. Dr. med. Jan Frölich, 2010 (http://www.seminar-stuttgart.de/semgym/HP_Dateien/Impulse/Computerspiele-Vortrag071210.pdf)

5: „Schlecht in der Schule durch Computerspiele", unbekannter Autor, gefunden auf der Seite der Geschwister-Scholl-Realschule in Pfinztal, (http://www.gsr-pfinztal.de/Dokumente/Computerspiele.pdf)

6 – 7: „Mit „Ballerspielen" gegen pädagogische „No-Go-Areas"? Erfahrungen mit Eltern LANs", Arne Busse, 2011, Text aus der Zeitschrift „APuZ – Aus Politik und Zeitgeschichte" vom 17. Januar 2011 mit dem Thema „Jugend und Medien", in „educommsy" gestellt von Frau Zölch

8: de.statista.com, das Statistik Portal, Umfrage: „Spielen deine Freunde oder spielst Du brutale bzw. besonders gewalthaltige Computer-, Konsolen oder Onlinespiele?", 2012, (http://de.statista.com/statistik/daten/studie/168158/umfrage/nutzung-von-gewaltspielen-durch-jugendliche/)

9 – 10: jugendschutz.net: „Gewaltspiele – Gefahr des Umschlagens von virtueller in reale Gewalt", (www.jugendschutz.net/gewalt/Gewaltspiele)

11: http://de.wikipedia.org/wiki/Amoklauf_von_Erfurt, „Änderung des Jugendschutzgesetzes"

12 – 14: „Grand Theft Auto IV - Der amerikanische Traum", Sven Stillich, 2008, (http://www.stern.de/digital/computer/grand-theft-auto-iv-der-amerikanische-traum-618712.html)

15 – 16: „Eltern, spielt mehr Computer!", Roman Herbig, 2012, (http://www.zeit.de/digital/2012-12/leserartikel-eltern-computer-spiele)

17 – 18: „Computerspiele haben auch positive Effekte", unbekannter Autor, 2008 (http://www.tagesspiegel.de/weltspiegel/studie-computerspiele-haben-auch-positive-effekte/1304550.html)